AF509898

PROCÉDÉ ACTUEL

DE

LA LITHOGRAPHIE.

IMPRIMERIE DE RICHOMME,

RUE SAINT-JACQUES, N°. 67.

PROCÉDÉ ACTUEL

DE

LA LITHOGRAPHIE

MISE A LA PORTÉE

DE L'ARTISTE ET DE L'AMATEUR,

OUVRAGE

Contenant les différens procédés qu'il est indispensable de suivre pour obtenir un résultat satisfaisant, et à l'aide duquel on peut soi-même, sans le secours de qui que ce soit, mettre au jour toutes sortes de productions utiles, ingénieuses et agréables.

PAR D***.

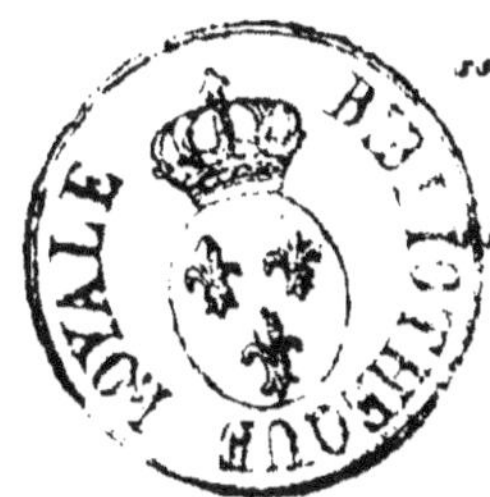

Prix : 1 fr. 5o c.

A PARIS,

Chez { DELAUNAY, Galerie de bois, Palais-Royal.
{ LE NORMANT, rue de Seine.

1818.

AUX ARTISTES ET AMATEURS.

Depuis long - temps la Lithographie
paraît être le patrimoine de l'intérêt
particulier, parce que peu de personnes
se sont occupées de ce nouvel art; mu
par le désir de propager une découverte
aussi intéressante, j'ai consulté les au-
teurs qui ont traité cette partie, et, muni
de ces matériaux, j'ai fait différentes
expériences qui ont concouru à m'é-
clairer sur les procédés qu'il est indispensable de suivre pour obtenir un résultat satisfaisant.

Ce sont donc des preuves et non de
simples essais qui sont offert au public
dans cet ouvrage. L'exécution est simple,
facile, peu dispendieuse; le succès n'est
point douteux et donne, par conséquent,
à l'artiste comme à l'amateur, la facilité
de mettre lui-même au jour une foule de
productions ensevelies dans les porte-
feuilles.

En effet, combien de projets en architecture sont inconnus, faute de pouvoir les faire graver sur cuivre? Combien d'autres chefs-d'œuvres en tout genre sont ignorés à cause des dépenses énormes que l'artiste est obligé de faire pour leur mise au jour? Enfin, combien de productions du génie, combien de dessins, de portraits, totalement perdus, et que nous posséderions encore si nous eussions cultivé plutôt la lithographie.

L'utilité de cet art est consignée dans les rapports qu'en ont faits différentes sociétés académiques: je me trouve donc dispensé de parler de ses avantages, seulement manquait-il jusqu'à ce jour une notice claire et précise qui pût mettre l'artiste et l'amateur à même d'exécuter sans le conseil ni le secours d'un subalterne.

Puisse cette faible production avoir le sort que je lui ai destiné, celui de propager en France les connaissances utiles qui, toujours, sont favorisées et protégées par un souverain, juste appréciateur du vrai mérite!

LITHOGRAPHIE.

LA lithographie est l'art de tracer sur une
pierre, préparée à cet effet, des dessins, soit
avec un crayon chimique, soit avec une plume,
une pointe ou un pinceau.

Chaque fois qu'on veut avoir une contre-
épreuve, il faut charger la pierre de noir d'impression.

Les contre-épreuves se tirent en exerçant une
pression sur la feuille de papier, que l'on place
sur la pierre dessinée de la manière expliquée
dans le cours de cet ouvrage.

QUALITÉ DE LA PIERRE.

La pierre doit être de nature qu'une portion
dissoute dans l'eau distillée précipite le savon ;
assez compacte pour ne pas happer à la langue,
et ne pas s'imbiber d'eau sensiblement ; assez
serrée de grain, et d'une collusion à ne pas être
rayée facilement.

Les matières calcaires étant en général les
plus répandues, doivent être choisies.

La pierre doit être de carbonate de chaux.

Préparation.

Les pierres doivent être débitées en dalles de 40 millimètres d'épaisseur (un pouce et demi de France, ancienne mesure); plus minces, elles pourraient être cassées, soit par le transport, soit par la pression.

Elles doivent être dégrossies avec du grès passé au tamis, assez fin. Pour commencer à les égaliser, on les manœuvre comme les marbriers, c'est-à-dire, qu'on les mouline les unes sur les autres, en changeant alternativement le dessus et le dessous.

Il faut avoir bien soin de tenir la surface des pierres exactement plane, ce dont on s'assure au moyen d'une règle de fer que l'on place d'un angle à l'autre. Le bruit qu'occasionne l'interposition du grès, diminuant sensiblement, on présume que la pierre commence à avoir le degré qu'on désire ; on en examine le grain à l'aide d'une grosse loupe, et de suite on y passe du sablon, passé au tamis de soie, extrêmement fin : cette opération finit le grain, et lui donne la perfection convenable. (On doit se servir de sablon calcaire.)

Au sortir des mains de l'ouvrier, il faut laver exactement la pierre avec de l'eau pure, et une fois sèche, éviter soigneusement de toucher à sa surface.

Il faut aussi équarrir la pierre, et, avec une lime, faire le biseau au pourtour, afin que les bords ne marquent pas sur l'épreuve ; il faut passer la pierre de ponce.

On fait son esquisse ou dessin sur un papier, dont on frotte le dessous avec de la sanguine ; on fixe le papier sur la pierre, et avec une pointe, on suit les traits du dessin qui paraissent en rouge sur la pierre ; ensuite on trace avec le crayon lithographique, la plume ou le pinceau, selon la préparation de la pierre.

Pour rectifier son dessin, on gratte légèrement la partie manquée, et on enlève avec un petit morceau de ponce ; ensuite on lave l'endroit avec de l'eau acidulée et on dessine sitôt que la pierre est sèche.

Si la pierre de ponce avait dénaturé le grain, on y remédierait en passant sur l'endroit gratté du sablon très-fin, avec une petite molette.

J'ai lavé la pierre avec de l'eau assez acidulée pour occasionner une effervescence ; je l'ai lavée de nouveau et fait sécher, puis j'ai dessiné : l'ouvrage a très-bien réussi à l'impression.

Voici un autre procédé : Deux jours après avoir dessiné sur une pierre, je l'ai mise dans un baquet d'eau distillée ou de pluie, pendant deux heures environ ; étant bien humectée, j'ai passé dessus le rouleau d'encrage, les demi-teintes et celles plus fortes se sont chargées de noir d'impression ; et comme le crayon chimique avait reçu une épaisseur de noir de plus sur les hachures du dessin , l'acide nitrique, quoiqu'à son degré, n'a point décoloré le dessin , inconvénient qui arrive quand on ne fait pas cette opération.

En général , on se sert d'acide nitrique, mais il est essentiel de n'employer que de l'eau distillée ou de pluie ; toute autre eau décompose le crayon fixé sur la pierre , et l'acide achève de détruire le travail : c'est ce qui arrive très-fréquemment.

Le dessin étant donc achevé , on lave la pierre avec de l'eau distillée ou de pluie acidulée, afin de rendre la surface de la pierre plus nette autour du dessin. Si les traits du crayon sont fins et délicats , on doit laver la planche avec l'acide affaibli ; il faut d'abord en verser quelques gouttes sur un coin de la pierre ; s'il se fait une trop grande effervescence , il faut affaiblir l'acide selon l'objet qu'on veut aciduler. La pierre ayant reçu cette préparation , on la lave toujours avec de l'eau distillée ; on la laisse égoutter , on y met de la gomme , qu'on laisse jusqu'au lendemain ; ensuite on enlève la gomme avec une éponge, ou l'on met la pierre dans un baquet d'eau de pluie pour ôter la gomme ; on met la pierre dans le chariot, et on imprime.

Pour fixer le crayon sur la pierre, on peut mettre le dessin sur l'eau chaude ou bouillante, en observant cependant que le degré de chaleur soit à-peu-près égal au hâlage de la bouche. Ce procédé accélère le tirage. On peut encore l'employer pour tirer un dessin qui aurait été en repos depuis un certain temps : ce moyen réussit très-bien, et facilite l'impression.

CRAYON CHIMIQUE.

Le crayon chimique est un composé de savon, de cire, et de suif coloré par le noir de fumée.

Ce crayon doit avoir assez de dureté pour pouvoir être taillé fin, et soutenir sa pointe.

Le crayon doit être conservé dans un endroit sec et à l'abri de l'humidité ; la potasse ou la soude qu'il contient en excès, le fait entrer facilement en déliquescence, mais le rend trop mou pour tracer sur la pierre, et être taillé aussi fin qu'il est nécessaire.

On doit l'enfermer dans un flacon à large ouverture, et fermant à bouchon de verre. Si le crayon devenait trop mou, il faudrait lui faire sentir peu à peu une chaleur d'étuve ; sans s'altérer, il séchera.

SA COMPOSITION.

Il faut prendre : 2 onces de savon de suif (1), 5 onces de savon de cire vierge, 1 once de noir de fumée ; on met le tout sur petit feu dans un pot de fer, et on remue avec une verge de fer.

On coupe les savons en petits morceaux pour opérer une prompte dissolution. Ils commencent à fondre avec facilité ; puis, le feu s'augmentant par degré, ces matières ne tardent pas à s'agglutiner, et forment une masse semblable à une éponge, qui n'a pas d'adhérence aux parois du pot. Il faut remuer avec la verge de fer sans s'arrêter, et jusqu'à ce que cette éponge soit entrée en liqueur. Lorsqu'elle fume fortement, on y ajoute peu-à-peu, en remuant toujours, du noir de fumée. Cela fait, on ôte le vaisseau, en versant la masse dans les assiettes.

On peut changer les proportions du savon de suif et du savon de cire vierge, par le procédé suivant (on peut avoir du crayon très-ferme, en diminuant la dose de graisse et de savon) :

1 partie de savon, 2 de cire, ou 5 parties de savon ;

-----

(1) Ce savon se fabrique à Paris, à la manufacture de savon, rue Culture-Ste.-Catherine, faubourg St.-Antoine.

Ou : 4 parties de cire , 1/2 de laque en table ;
1 de noir de fumée ;

Ou : 1 partie de savon, 4 à 5 gouttes de potasse , 4 parties de cire.

Mais il faut observer qu'on ne doit employer que du savon de suif.

Pendant l'opération , on fait chauffer les assiettes destinées à recevoir la liqueur , qui, en se refroidissant, forme le crayon. On y verse cette liqueur à la hauteur de quatre à cinq millimètres , épaisseur des crayons ordinaires. Lorsque la matière est assez figée , on la coupe par bandes de la grosseur et proportion désignées ci-dessus. On détache ces bandes de dessus l'assiette avec un couteau à palette, dont se servent les peintres ; on les casse à la longueur convenable , et pour s'en servir, on les coupe avec un canif.

L'opération dure en tout, du moment où l'on coule, deux heures et demie à trois heures environ.

Ce crayon frais fait est dur , et se taille facilement ; on peut, sans inconvénient, le laisser deux jours à l'air avant que de l'enfermer.

Les rognures du crayon peuvent être conservées et refondues de nouveau, en y ajoutant une légère quantité de suif et de cire , proportionnellement au poids des gratures à fondre.

MANIÈRE DE COULER LE CRAYON.

La liqueur étant assez chauffée pour être enflammée par un morceau de papier allumé, et après une demi-minute d'inflammation, ou mieux lorsqu'on verra que toute la mousse sera brûlée et affaissée, on éteindra en mettant le couvercle sur la marmite de fonte, une seconde seulement : le retirant, on coulera de suite sur des assiettes chaudes. Avant que cette composition ne soit entièrement refroidie, on passera la lame d'un couteau à palette, en formant des lanières de la largeur qu'on voudra ; après quoi, laissant entièrement refroidir, on soulevera chaque crayon de dessus l'assiette, on le divisera de la longueur convenable et que l'on désirera.

Si, quelquefois, tardant à diviser le crayon, la liqueur devenait trop dure, on pourra chauffer les assiettes, pour avoir la facilité d'enlever le crayon.

COMPOSITION DU NOIR D'IMPRESSION.

Le noir de fumée doit être mis et foulé dans un creuset ; il faut qu'il soit calciné jusqu'au rouge : pour cet effet, il faut que le vase soit empli de noir, et bien bouché avec son couvercle, et luté avec de la terre glaise. On juge qu'il est suffisamment brûlé lorsque le creuset est rouge. On le retire, et on le laisse refroidir près du feu : le lendemain, on peut employer ce noir antérieurement calciné, qu'on mêle avec de l'huile préparée de la manière suivante :

On prend une livre ou deux d'huile de lin ou de noix, qu'on met dans un vase de fonte ; on la fait chauffer jusqu'à ce qu'il paraisse sur la surface de l'huile une couleur bleuâtre ; on l'enflamme, et on la laisse épaissir pendant quelque temps. On juge alors qu'elle a le degré convenable, lorsqu'après en avoir retiré quelques gouttes, elle s'attache aux doigts : c'est ce qu'on appelle de l'huile grasse (appelée par les imprimeurs en lithographie, *vernis faible*).

Une autre huile que les lithographes nomment *vernis*, et les imprimeurs en taille-douce, *huile forte*, s'obtient lorsqu'elle est brulée pendant une heure environ, et on reconnaît le dégré convenable de cuisson, quand elle poisse entre les doigts, et cette huile n'est pas susceptible d'être dégraissée.

Il faut prendre garde que le feu étant trop vif et l'écume venant sur les bords du vase, la liqueur ne renverse ; il faudrait alors y jeter de l'huile froide pour appaiser l'ébullition.

On met le feu à cette composition, de la manière indiquée plus haut.

Le noir de fumée s'emploie de cette manière : on prend la quantité de noir calciné, qu'on croit employer pendant la journée ; on le broye sur un marbre avec la molette ; on le mêle premièrement avec de l'huile claire ; on broye ces deux matières ensemble comme les couleurs ordinaires, ensuite on y ajoute de l'huile grasse ou vernis faible, et l'on broye de nouveau ; enfin, on termine l'opération en broyant ces matières avec de l'huile forte ou vernis. Il faut que cette composition, loin d'être liquide, ait une consistance telle que le rouleau s'attache fortement sur la pierre.

AUTRE COMPOSITION DU NOIR RÉSINEUX, OU ENCRE RÉSINEUSE.

Trois parties de suif, une de vernis faible (autrement huile peu cuite, nommée par les imprimeurs *huile grasse*) ; première de térébenthine de Venise et de noir de fumée.

Mettez sur un pot de terre garni de son couvercle ; faites chauffer, et lorsque le noir commencera à fumer, mettez-y le feu avec un papier allumé ; retirez du feu, et tenant toujours enflammé, remuez avec une tige de fer. On laissera brûler pendant un quart-d'heure ; on couvrira alors pour éteindre. Ce noir s'étale bien sous le rouleau, et se décharge bien à l'épreuve.

L'encre présente l'avantage de pouvoir se fixer avec facilité sur la pierre, et en même temps, de ne point se mêler avec l'eau, lorsque les traits ainsi formés se sont desséchés sur la pierre. On ne peut donc employer que des résines pour former l'encre lithographique, liquide et coulante.

On a cependant employé les graisses dans la composition de cette encre, lorsqu'il n'était pas nécessaire qu'elle fût bien liquide et coulante; et l'on s'est servi, pour les dissoudre, de l'essence de térébenthine.

Après s'être servi d'une première encre résineuse, et avoir mouillé la pierre, on peut la charger davantage de noir d'impression.

Quand on a employé l'encre résineuse, on tampone la pierre avec une dissolution de gomme laque dans de l'alcool coloré avec du noir de fumée, la pierre toujours bien humectée ; puis on recouvre la pierre avec une dissolution de gomme arabique, pour empêcher les traits graisseux de s'étendre : par ce moyen, l'encre se trouve fixée sur la pierre.

On a fait aussi usage avec quelque succès d'une simple dissolution de résine, soit de térébenthine, soit de gomme laque, dans l'alcool coloré avec du noir de fumée.

On a encore composé une assez bonne encre ; en dissolvant dans l'alcool un mélange de deux parties de térébenthine de Venise, deux parties de colophane, quatre parties de gomme laque et de noir de fumée.

Il faut dissoudre la gomme laque, à chaud, dans l'alcool, puis y mêler de l'essence de térébenthine et du noir de fumée.

On ne doit s'en servir qu'avec le pinceau ; lorsqu'on fait usage de la plume, il faut employer une encre résineuse, qui soit soluble dans l'eau par un alkali.

ROULEAU, ET SA CONSTRUCTION.

Sur un rouleau de bois de sapin ou autre bois léger, ayant trois pouces de diamètre et neuf à dix de long, on coud une flanelle de coton extrêmement serré, et débordant de trois lignes aux extrémités.

On coud une seconde bande de flanelle sur la première, la couture opposée ; on recouvre cette seconde bande comme les précédentes, ayant soin que les trois coutures fassent le triangle, afin qu'il se trouve moins d'épaisseur. Les trois lignes d'excédant dont il est parlé plus haut, servent à arrêter les trois bandes de flanelle, à l'aide d'un fil, sur les deux extrémités du rouleau.

On prend ensuite un morceau de peau de veau blanc, que l'on coupe bien juste sur la circonférence, en laissant à chaque bout neuf lignes pour pouvoir percer, à l'aide d'un emporte-pièce, des œillets dans lesquels on passe une ficelle qui sert à arrêter la peau de chaque côté.

On met le côté lisse en dedans, et on joint les deux parties en forme de manchon par une couture rentrée.

Quand le tout est bien cousu, on met ce manchon dans l'eau pour l'humecter et lui donner la facilité de passer sur la flanelle ; pour cet effet, on le tire en travers et l'on couvre le rouleau ; ensuite on arrête la peau en laçant les deux extrémités avec des ficelles, que l'on passe dans les œillets dont il a été parlé.

On laisse sécher ensuite le rouleau, qui, bientôt après, est bon à servir à l'encrage.

J'ai dit qu'on pouvait se servir de presses d'imprimeur en lettres et en taille-douce ; comme elles sont connues, je ne donnerai que le moyen de s'en servir pour la lithographie.

Il faut placer la pierre sur la table de presse en taille-douce ; on peut mettre dessous du feutre ou du carton un peu laminé, pour que la pression soit égale. Aux deux extrémités de la pierre sont deux tasseaux en bois, à quelques demi-lignes près ; ils ne doivent pas être aussi élevés

que la pierre ; le tasseau placé du côté du cylindre doit être fait en sifflet pour pouvoir être
fixé avec la table. Lorsqu'on commence à ma-
nœuvrer le cylindre ou rouleau, les deux tasseaux doivent être proportionnés à la table, et
de même largeur que la pierre sous laquelle on
met du carton pour la mettre de niveau avec
les tasseaux, et que le rouleau ne puisse s'arrêter. Dans la jonction de la pierre et du tasseau
est une bande de tôle mince, large de deux
pouces, et de la longueur de la pierre. Cette
bande est assujétie par une charnière attachée à
fleur du bois du tasseau, pour que le rouleau
manœuvre aisément. Cette bande ne recouvre
la pierre que de six lignes au plus ; quand on
veut encrer la planche, on relève les deux pla-
ques sur les tasseaux. L'opération finie, on les
baisse sur la pierre sur laquelle on met le papier et une feuille entre, un peu moite ; ensuite
les flanelles dont se servent les imprimeurs, et
on passe la pierre sous le rouleau ; on ôte à-peu-
près autant de carton dans les jumelles qu'il y
a d'épaisseur.

On fixe les deux tasseaux sur la table de presse
avec une vis ou deux ; on les arrête encore ,
aux deux côtés, par deux vis avec du fil de fer
fortement serré , ce qui, étant ainsi fixé, forme
l'impression.

L'impression lithographique éprouve bien moins de difficultés que l'impression en taille-douce.

Les imprimeurs en taille-douce peuvent imprimer très-bien sur pierre, en suivant exactement ce que j'avance.

IMPRESSION, PRESSE, etc.

On fixe la pierre dans le chariot de la presse, on la mouille avec une éponge contenant de l'eau distillée.

Pour charger la pierre de noir, on se sert d'un rouleau ; on le promène d'abord sur une pierre ou marbre couverte de couleur, et ensuite sur la pierre qu'on veut imprimer, observant de baisser les deux poignets en montant la presse sur le rouleau, les remonter en descendant. Chaque fois que l'on passe le rouleau sur la pierre, il faut y passer l'éponge après chaque tirage d'épreuve, et même, de temps en temps, l'humecter avec de la gomme.

Lorsqu'on croit son dessin suffisamment chargé de couleur, on y pose une feuille de papier humide, on la recouvre de plusieurs feuilles de papier, et ensuite d'un châssis sur lequel se trouve une peau fortement tendue, puis on passe le tout sous la râcle.

On peut ainsi tirer de suite environ cinquante épreuves d'un dessin au crayon, et cent à deux cents de toutes les autres manières ; mais alors, il est prudent, si on tient à conserver la netteté de la planche, de la laisser reposer pendant quelques jours avant que de recommencer l'opération.

Description du Chariot.

Le chariot, qui supporte la pierre, est formé d'une caisse peu profonde, dans laquelle on met du sable, ou carton, ou étoffe de laine, afin que la pierre pose exactement sur tous les points.

On peut aussi se servir pour la lithographie d'une presse d'imprimeur en taille-douce, et même de celle d'un imprimeur en lettres ; seulement, il suffit de mettre sur le papier, qui se place sur la pierre, des étoffes de laine, pour que la pression soit plus douce.

Le chariot, couvert d'un châssis d'égale grandeur que la caisse, est composé d'une peau de veau bien unie, le côté lisse en dehors, pour que la râcle puisse glisser aisément, et au biseau de laquelle j'ai adapté une feuille de laiton. A l'aide de deux traverses à coulisses, pratiquées aux deux côtés latéraux de la caisse, le chariot peut être aisément manœuvré.

Sous cette caisse est un cylindre, supporté

par ses tenons dans des mortaises garnies d'une feuille de plomb, ouvertes dans les deux montans du milieu du brancart du chariot ; le cylindre dépasse les coulisses d'environ neuf lignes (vingt centimètres).

La râcle est de bois de hêtre ou tout autre très-dur ; elle doit être de quinze lignes d'épaisseur, longue proportionnellement aux objets qu'on veut imprimer, percée exactement au milieu, et placée dans la coulisse de la traverse. Cette traverse est, d'un bout, attachée au brancart du chariot par un boulon, à l'aide duquel la râcle se baisse et se lève à volonté. A l'autre côté du chariot est un tenon fixe, ou main de fer, qui, agrafant ladite traverse, sert, à l'aide de la bascule, à exercer la pression convenable.

Nota. Avant de glisser la râcle, il faut que la personne qui imprime s'assure de la justesse de son niveau, car il est absolument nécessaire que la râcle pose exactement sur la pierre sans laisser aucun jour. Le papier ne doit pas être trop mouillé, mais seulement humide.

Tirage.

Les tirages qu'on veut obtenir par les procédés lithographiques demandent quelques pré-
cautions ; voici celles qu'il est essentiel de suivre.

Si on chargeait trop vîte le dessin de noir,
il serait à craindre qu'il ne s'étendît en largeur
par l'effet de la pression, ce qui nuirait beaucoup à la netteté des épreuves.

Il pourrait arriver que le noir produisît des
épreuves un peu trop grises, mais on y remédierait facilement pendant le cours de l'impression, en y ajoutant un peu de vernis faible,
que les imprimeurs en taille-douce nomment
huile claire, ce qui donnerait aux épreuves une
teinte plus foncée.

Choix du papier. — Celui qui est fort et
épais paraît devoir être préféré ; lorsqu'il est
moite, il devient assez flexible pour s'appliquer
sur tous les points de la planche.

Il faut éviter de se servir de papier préparé à
la chaux, parce qu'il détruirait le dessin après
le tirage de peu d'épreuves.

Si, dans le tirage, on craignait de salir la
pierre, on peut, après l'avoir chargée de noir,
la laver à grande eau mêlée avec de l'acide nitrique : alors la charge du noir d'impression, qui
est sur la pierre, met à l'abri du frottement les

traits du dessin. Quand cela est fait, il faut laver la planche à grande eau; on ne doit employer que de l'eau pure.

La pierre sera tenue à une douce chaleur de dix-huit à vingt degrés seulement, ce qui facilitera l'encrage du rouleau comme celui des planches.

S'il peut être reconnu, avec avantage, d'encrer sans tirer d'épreuves, désencrer pour enlever l'excès de crayon, ou bien faire l'opération d'un désencrage, avant que d'encrer sa pierre pour le tirage, il est reconnu utile de ne tirer que deux ou trois épreuves d'essai, et de désencrer sa planche entièrement; sans cela, on observe que les épreuves se noircissent. Le papier tient si fortement à la pierre qu'on le dédouble presque toujours; au lieu que, la pierre désencrée, les épreuves viennent aussi noires qu'on peut désirer; alors, le papier se détache sans effort de dessus la pierre.

Le crayon lithographique, ou l'encre composée de rognures de crayon, une fois placé sur la pierre et rendu insoluble, comme il a été dit plus haut, en passant de l'eau distillée ou pure; la pierre étant ressuyée, et mouillée, et encrée; lorsque donnant des épreuves trop chargées et trop noires, ou que, par quelqu'accident, la planche s'est salie, il faut procéder au désencrage et au nétoyement.

Au premier désencrage, même à la première
épreuve, le crayon tracé sur la pierre, telle
teinte qu'elle puisse avoir, les coups de force enfin, supposé une assez forte épaisseur de crayon
lithographique, sont enlevés, si bien que la pierre
devient toute blanche. Si ce désencrage ne faisait
que laver les hachures sans les enlever, le dessin aurait la même force d'effet qu'au sortir des
mains de l'artiste, ce qui démontre qu'il ne
reste sur la pierre que cette portion de savon insoluble, seule suffisante pour constituer la lithographie.

J'ai toujours désencré ainsi :

Sur la planche mouillée et ressuyée, verser de
la bonne essence pour enlever le noir, en passant avec une brosse douce, et tenant la pierre
toujours mouillée d'essence, avec une éponge
moite d'eau propre la passer sur la pierre, et
enlevant le superflu de l'essence ; puis ayant de
l'eau propre toute prête, en verser avec abon-
dance, et ayant purgé son éponge, la passer en
ressuyant sans effort ce qui reste sur la planche.
Les traits doivent paraître secs, écartant l'eau,
et étant d'un ton fauve-pâle, sont en état de recevoir le noir d'impression, et de donner de
belles épreuves.

J'ai quelquefois encré avant que toute l'essence et l'eau, qui restent sur la pierre, ne

soient ressuyées, sans que le noir du tampon ait sali les fonds de la pierre.

Reconnaître s'il faut tirer une épreuve ou deux seulement, et désencrer sa pierre afin d'enlever cet excès de crayon, qui, pour sûr, fait que, par une continuité d'épreuves, ce restant de crayon, toujours pressé et s'étalant, fait d'un dessin très-propre, un dessin dont les rains sont trop gros ou empâtés.

Il est facile de concevoir que l'épaisseur du crayon sur chaque grain pressé et étalé par le passage de la râcle, doit lithographier une portion de la pierre à l'entour de chaque grain, ce qui doit nécessairement grossir les traits et boucher beaucoup les hachures.

Il faudra choisir le meilleur dissolvant de ce crayon, gommer toujours la pierre, et laisser sécher la gomme avant de désencrer ; mouiller la pierre d'eau distillée ; ne tirer qu'une épreuve, et même pas du tout ; encrer et désencrer, ou désencrer sa pierre même avant que de rencrer.

On doit avoir soin de laver la pierre avec de l'eau après chaque épreuve, et même de l'humecter chaque fois que l'imprimeur remet du noir dessus la pierre avec le rouleau.

Lorsqu'on veut rendre les pierres constamment humectées, on ajoute dans l'eau dont on fait usage, du muriate de soude ou sel commun ;

mais, par une raison contraire, il est utile, lorsqu'on ne veut plus tirer d'épreuves, ou faire usage d'une pierre qui aura été imprimée, de la bien submerger, afin d'enlever tous les sels attirant l'humidité. Et si l'on négligeait cette précaution, il serait à craindre, voulant se servir de nouveau de cette pierre, que l'humidité ne nuisît à l'adhésion des corps gras. En un mot, rendre les pierres constamment humides pendant l'impression, et sèches le plus complètement possible en cessant d'imprimer, sont deux circonstances auxquelles les imprimeurs lithographes doivent faire une sérieuse attention.

PROCÉDÉ POUR LES RETOUCHES.

Si, dans le cours du tirage, il manquait quelques hachures au dessin, on procéderait de cette manière :

Sitôt l'épreuve tirée sur la pierre, on prendrait le crayon lithographique et ferait les retouches nécessaires, sur lesquelles on mettrait un peu de gomme, qu'on enlèverait au bout d'un moment avec une éponge ; on humecterait la pierre bien légèrement, et ensuite on encrerait. Il en est de même pour un dessin à la pointe ou au tracé avec le pinceau.

Celui qui imprime, doit regarder à chaque

tirage si son épreuve vient bien ; s'il manquait
quelque chose, il faudrait retirer la pierre du
chariot, et la submerger dans un baquet d'eau
à-peu-près deux ou trois jours, pour enlever le
muriate de soude et la gomme qui se trouvent
sur sa surface ; sans cette précaution, le crayon
ou l'encre que l'on remettrait sur la pierre ne
s'y fixerait point.

Après la retouche, on remet de la gomme
qu'on laisse sécher ; ensuite on humecte la pierre
avec une éponge, on passe le rouleau d'encrage,
et on continue le tirage.

Pour mieux faire comprendre la manière
dont l'acide nitrique agit, nous observons qu'il
attaque légèrement la surface de la pierre aux
endroits où il n'y a pas d'encre ou crayon lithographique. D'où il résulte que toutes les parties non dessinées sont susceptibles de bien s'imbiber d'eau, et que le noir du rouleau ne noircit
pas les blancs du dessin.

Il faut éviter avec soin au désencrage des
pierres, que quelques gouttes d'essence ne sé-
journent pendant quelque temps sur la pierre.
Les traits du dessin, ou pourraient ne paraître
au rencrage que de long-temps, ou pas du tout ;
mais il faut promener une éponge chargée d'essence et d'eau ; la pierre doit être par avance
mouillée et imbibée d'eau.

Autre dissolvant, qui est celui dont on se sert plus généralement pour désencrer :

Deux parties d'essence, la meilleure possible ; une partie et demie d'huile d'olive, première qualité ; et quatre parties d'eau. Il faut bien mouiller auparavant la pierre, et quand on voit qu'elle est bien imbibée avec l'éponge et ressuyée, on agite la mixtion dans la bouteille jusqu'à ce qu'elle soit blanche ; on la verse sur la pierre, et l'on frotte, comme il est dit ci-dessus.

Après avoir imprimé, il faut entourer le rouleau de papier huilé, pour que l'air ne sèche pas le noir.

Il faut aussi avoir soin de nétoyer le marbre, après avoir broyé le noir.

Pour garnir le rouleau de noir, il faut le promener sur la pierre à broyer ou le marbre.

TIRAGE ACCÉLÉRÉ.

D'un dessin de petite dimension, ayant à en tirer un nombre considérable d'exemplaires en très-peu de temps, voici le procédé qu'on a suivi :

On a tiré, sur une pierre originale de grande dimension, le dessin n'occupant que la huitième partie de l'espace de cette pierre : on a tiré sept épreuves, lesquelles ont été contre-épreuvées chacune dans une case des sept vides. Sur la pierre alors, on a formé une planche portant huit fois le même dessin, ce qui a accéléré huit fois plus vite le tirage, et a pu fournir au temps donné la quantité demandée.

Ayant à écrire à rebours sur une pierre la signature d'un dessin, j'ai écrit sur du papier à transporter le nom, et je l'ai contre-épreuvé avec l'ongle tout simplement.

J'ai dessiné sur une pierre avec un crayon dur ; aussitôt fini, je l'ai passé à l'acide faible : gommer, encrer, tirer, tout s'est fait dans un temps le plus court possible : ce dessin a réussi.

Le crayon tendre étant très-soluble, demande quelque temps de repos.

IMPRESSION IMITANT LES DESSINS A LA SANGUINE.

L'huile de lin cuite jusqu'à consistance de miel (et non enflammée), sera broyée avec de la sanguine. Il faut avoir un rouleau d'encrage *consacré* à cette couleur, aussi bien qu'une pierre reposée du jour au lendemain, et sortant même de tirer au noir. On peut encrer à la sanguine, les épreuves réussissent bien ; on peut même, alternativement, tirer noir et rouge à volonté avec le même rouleau.

Impression par transposition.

L'encre graisseuse ou résineuse lithographique, et non l'encre d'impression qu'on emploie dans la lithographie, étant assez longue à sécher, quoique susceptible de s'épaissir, il était intéressant de profiter de cet avantage pour obtenir une impression, en transportant sur la pierre un dessin avec une épreuve faite sur un papier gommé. Les méthodes qu'on emploie pour y parvenir peuvent se diviser en deux espèces.

La première consiste à transporter sur la pierre les épreuves d'une gravure déjà obtenue ; et la seconde, à y fixer un dessin tracé sur le papier gommé ou allumé ; dans tous les cas, la pierre doit être complètement sèche, etc., etc. Ainsi, pour en tirer des épreuves, il suffit de colorer la pierre de noir d'impression avec le rouleau d'encrage.

C'est par un procédé à-peu-près semblable, qu'on peut transporter une estampe ou épreuve faite sur le cuivre ou sur la pierre. Pour réussir, il faut seulement avoir imprimé sur un papier très-gommé, en employant le noir résineux qui se reporte très-facilement sur la pierre ; on réussit de même aussi avec le noir d'impression.

Quand les gravures sont peu anciennes, on

peut les contre-épreuver sur la pierre, soit avec du lait dans lequel on les met tremper, soit dans l'eau de savon, comme l'ont pratiqué MM. Darcet et Choron pour les contre-épreuves de la musique.

TRANSPOSITION DU DESSIN.

On prend une feuille de papier fin ordinaire : on fait dissoudre de l'alun dans de l'eau chaude ; on laisse refroidir, on trempe son papier dans cette eau, on l'étend sur une table en en fixant les extrémités : ensuite, avec une éponge ou brosse, on passe de la colle chaude sur ce papier : on laisse sécher, et on dessine dessus avec l'encre ou le crayon lithographique.

La pierre à imprimer ayant reçu un nétoyement d'esprit de térébenthine, il faut qu'elle soit légèrement chaude ; on couche sur la pierre le papier écrit ou dessiné à la plume. Quand le dessin est posé, on mouille à percer le revers, et repassant le tout entre le rouleau d'une presse, soit lithographique, soit d'imprimeur en taille-douce, on enlève le dessin ou l'écriture, et la contre-épreuve est sur la pierre, que l'on peut encrer avec le rouleau, et avoir une contre-épreuve sur la pierre.

3

DESSIN PAR TRACÉ A LA GOMME.

On dessine avec la gomme arabique, et on huile ou on imbibe d'encre lithographique la pierre ; la gomme enlévée ensuite avec de l'eau offre des traits exempts de noir lithographique, et donne par conséquent des fonds noirs et le dessin en blanc.

Il est essentiel de n'employer que la vraie gomme arabique ; les autres ne s'attachent pas assez à la pierre. On peut remplacer la dissolution de gomme arabique, avec beaucoup d'avantage, avec du jus d'oignons ; pour le préparer, on pile les oignons, et on les exprime jusqu'à ce qu'on obtienne un sirop clair et peu épais ; on le mêle ensuite, lorsqu'on veut l'employer, avec du noir de fumée ; pour le conserver, il suffit d'y mêler environ un verre d'eau-de-vie sur une pinte.

Si l'on veut tracer des vases ou des ornemens quelconques à couleurs brillantes sur un fond obscur, il faut dessiner les contours avec l'encre lithographique, soit avec la plume, soit avec le pinceau. Lorsque le dessin est sec, on verse sur sa surface, ainsi que sur toutes les parties de la pierre qui doivent rester en blanc, un enduit de gomme arabique. On laisse ensuite sécher cet enduit, et on huile avec de l'huile de lin toutes les parties qu'on veut colorer. L'huile de lin ne doit guères rester sur la pierre au-delà de cinq à huit minutes. En enlevant la gomme avec de l'eau, et passant le rouleau chargé de couleur, le fond seul se colore. Les ornemens dessinés, repoussant la couleur, paraissent quand on tire des épreuves en blancs.

On peut encore produire des dessins plus solides par un moyen peu différent de celui-ci. On commence toujours par gommer toute la surface de la pierre : après quoi, on trace avec la pointe le dessin que l'on veut produire sur la pierre. Les traits dessinés, on les colore avec du succin en dissolution dans de l'huile de lin rendue siccative ; cette opération terminée, on laisse bien sécher le succin, afin qu'il ne puisse s'enlever lorsqu'on passera sur la pierre l'esprit de térébenthine ou l'alcool. Le succin, bien séché, présente l'avantage de ne pouvoir être attaqué par les alcalis, ni par les acides étendus d'eau, ni enfin par l'essence de térébenthine ou l'esprit-de-vin. Par cette raison, on peut nétoyer la planche par toutes sortes de moyens.

Il faut observer qu'on ne peut appliquer le succin qu'au pinceau ou au tracé avec la pointe, parce que cette matière n'est pas coulante.

Dessin par tracé a l'huile.

La méthode de graver avec des couleurs à l'huile, semblables à celles avec lesquelles on peint sur la toile ou sur le bois, est une conséquence immédiate de la lithographie ; seulement, pour nuancer les gravures que l'on veut exécuter d'après des tableaux, il faut plusieurs planches de rentrée, afin de pouvoir varier les tons que l'on veut produire. Un poli grenu, donné à la pierre, est aussi favorable à l'application des teintes à l'huile. On doit aussi décaper la surface de la pierre avec de l'acide.

Il est évident que pour obtenir des impressions des teintes à l'huile qu'on aura appliquées sur la pierre, il faudra faire usage d'un papier ou d'une toile préparée selon la méthode que l'on suit pour toutes les peintures à l'huile quelconques. Quant aux premières couches qu'on doit passer sur la pierre avant d'y passer successivement les couleurs mises sur le rouleau, il est bon de les rendre épaisses. C'est pour cela qu'on mêle dans les couleurs avec lesquelles on peint à l'huile sur la pierre, un peu de cire ou une résine mêlée avec une graisse quelconque.

Comme les teintes que l'on peut obtenir par cette méthode ne peuvent être fondues, mais seulement placées, on pourrait ensuite les fondre au pinceau, comme font les peintres pour leurs tableaux.

Cette méthode n'a point été éprouvée par l'auteur.

Préparation pour la Pierre destinée a être gravée a la pointe, a la plume d'acier, ou au pinceau.

On polit la pierre avec la ponce, comme font les marbriers.

Avant de la graver à la pointe, il faut lui faire subir une légère préparation d'acide nitrique affaibli. Il est assez difficile d'indiquer la quantité d'acide qu'il faut mêler à l'eau de fontaine, puisqu'elle est relative au plus ou moins de facilité avec laquelle la pierre s'imbibe de ce liquide.

La pierre ainsi préparée, on étend une légère dissolution de gomme arabique, dans laquelle on aura broyé du noir de fumée.

La couche de la gomme placée sur la surface de la pierre, présente alors un mat luisant, et quand on est certain que la gomme est tout-à-fait sèche, on peut commencer à tracer les contours : ce qui peut se faire, soit en entamant la pierre avec la pointe, soit en enlevant la couche de gomme sans attaquer nulle-ment la pierre. Ce dernier mode de graver, per-met de produire des traits aussi fins que la pointe que l'on emploie, et d'éviter le désavantage de luter avec un corps dur et résistant.

Pour dessiner, on se sert de plume d'acier faite d'un morceau de ressort de montre, mis dans l'acide nitrique jusqu'à ce qu'il soit assez mince pour pouvoir le couper avec des ciseaux.

La plume doit être d'acier pour pouvoir ré-sister à l'usage. Les plumes ordinaires peuvent servir, mais pour peu que la plume ne soit pas ferme, les traits n'ont pas la finesse qu'on peut désirer.

Pour faire l'encre, il faut gratter le crayon chimique, et le délayer avec de l'eau distillée ou de pluie. On le met sur un marbre pour être broyé et en faire une pâte, ou en former une liqueur qu'on peut employer à la plume ou au pinceau : cette liqueur devant former les traits francs de bords et pleins de corps, et non pas former, comme la manière du crayon, des grains séparés les uns des autres et de différentes gros-seurs, la pierre doit, de nécessité, être polie et bien dressée.

Préparation ou soponification des savons de cire et de suif.

Savons de cire, on prend :

Six parties, en poids, de cire ; cinq parties de soude, du commerce, en bonne qualité ; un quart de chaux vive.

Après avoir pilé la soude, éteint la chaux, on en fait un mélange, sur lequel on verse une certaine quantité d'eau froide ; au bout de douze heures, on fait écouler la liqueur qu'on garde comme lessive forte : elle marque à l'aréomètre de vingt à vingt-cinq degrés. On traite deux fois le résidu par de nouvelles eaux ; la première marque de dix à quinze degrés, et l'autre de quatre à cinq degrés.

On commence par mettre de la lessive faible dans une chaudière, ensuite on y met peu-à-peu de la cire, et l'on fait bouillir le mélange ; bientôt la combinaison s'opère, et forme une espèce d'émulsion. On ménage le feu pour empêcher la matière de brûler, et on ajoute ainsi successivement de la lessive faible et du savon, en ayant soin, pour accélérer la combinaison, de tenir la masse bien empâtée et bien homogène.

Quand on a ainsi mis dans la chaudière toute la cire qu'on veut soponifier, on y ajoute peu-à-peu de la lessive forte, qui sature la cire qui se sépare de la lessive, et vient se rassembler à la surface.

Ce phénomène ayant eu lieu, on laisse éteindre le feu et on laisse figer le savon, et en perçant la croûte, on fait écouler la liqueur rousse qui est au fond de la chaudière ; ensuite on met de la lessive forte dans la chaudière, et on rallume le feu. On met ainsi successivement plus de lessive qu'il n'en faut pour saturer le savon ; on fait bouillir pour n'avoir aucun doute sur la saturation, et on arrête la cuisson quand la lessive est parvenue à 1,150 ou 1,200 de pesanteur spécifique ; on laisse refroidir tranquillement, on retire encore, après un entier refroidissement, des lessives rousses qui sont au fond de la chaudière, et on a un savon de cire dont on peut se servir.

Le savon de suif demande la même manière de procéder, mais est beaucoup plus lent dans la soponification.

Il faut employer la soude, parce que cet alcali fait les savons durs, au lieu que la potasse fait les savons mous, ce qui ne serait pas une préparation à former des crayons qui demandent de la dureté.

D***..

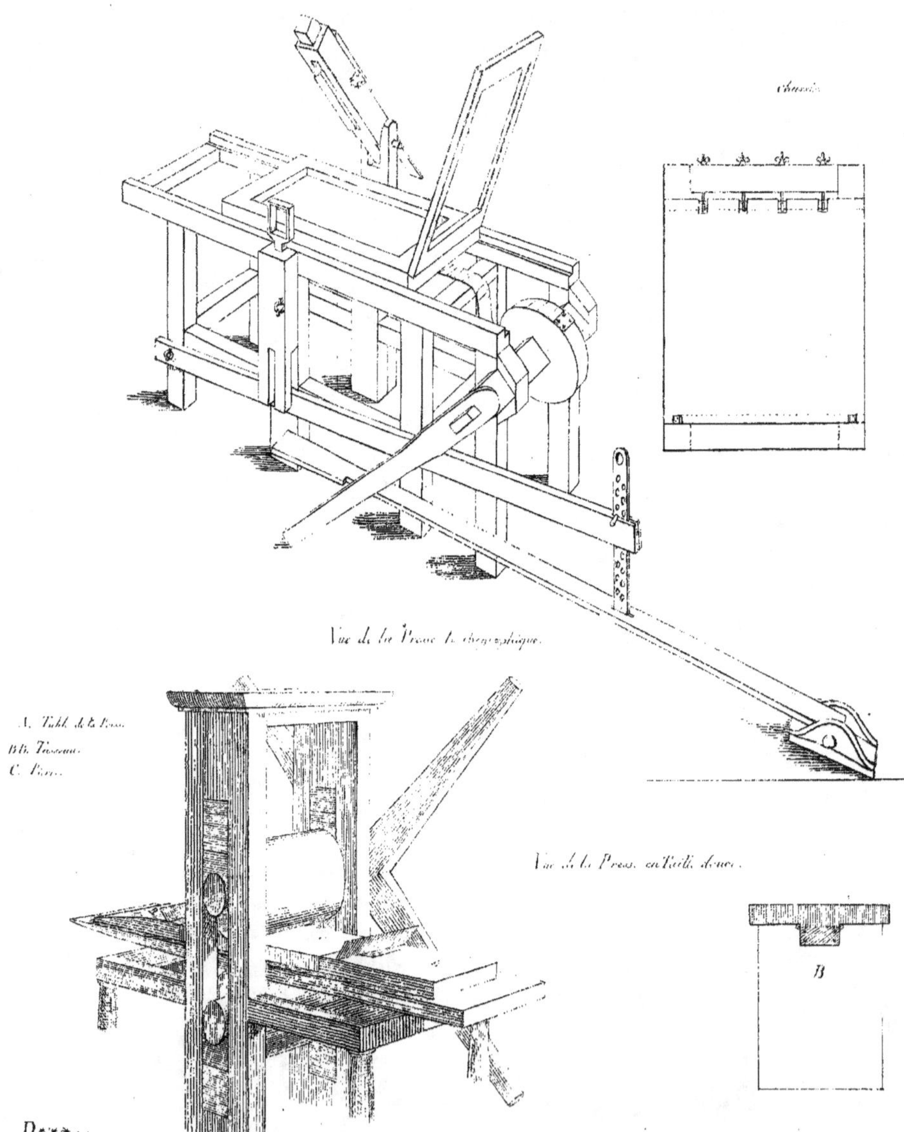
Chassis.
Vue de la Presse typographique.
A. Table de la Presse.
Bb. Tasseau.
C. Pierre.
Vue de la Presse en l'œil doux.
B
D***.

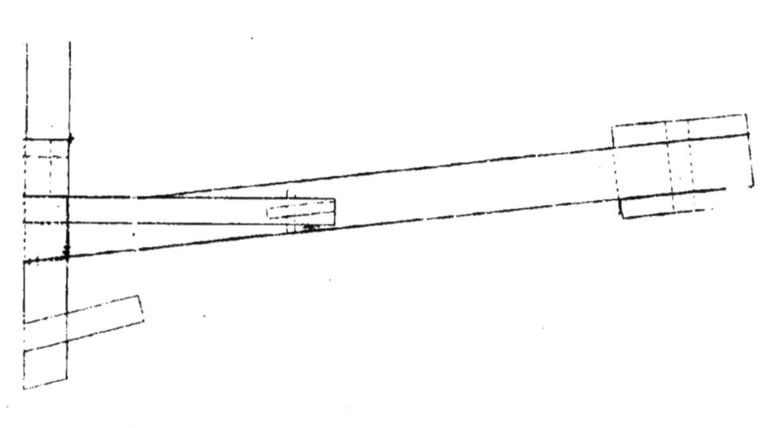

Pieds.

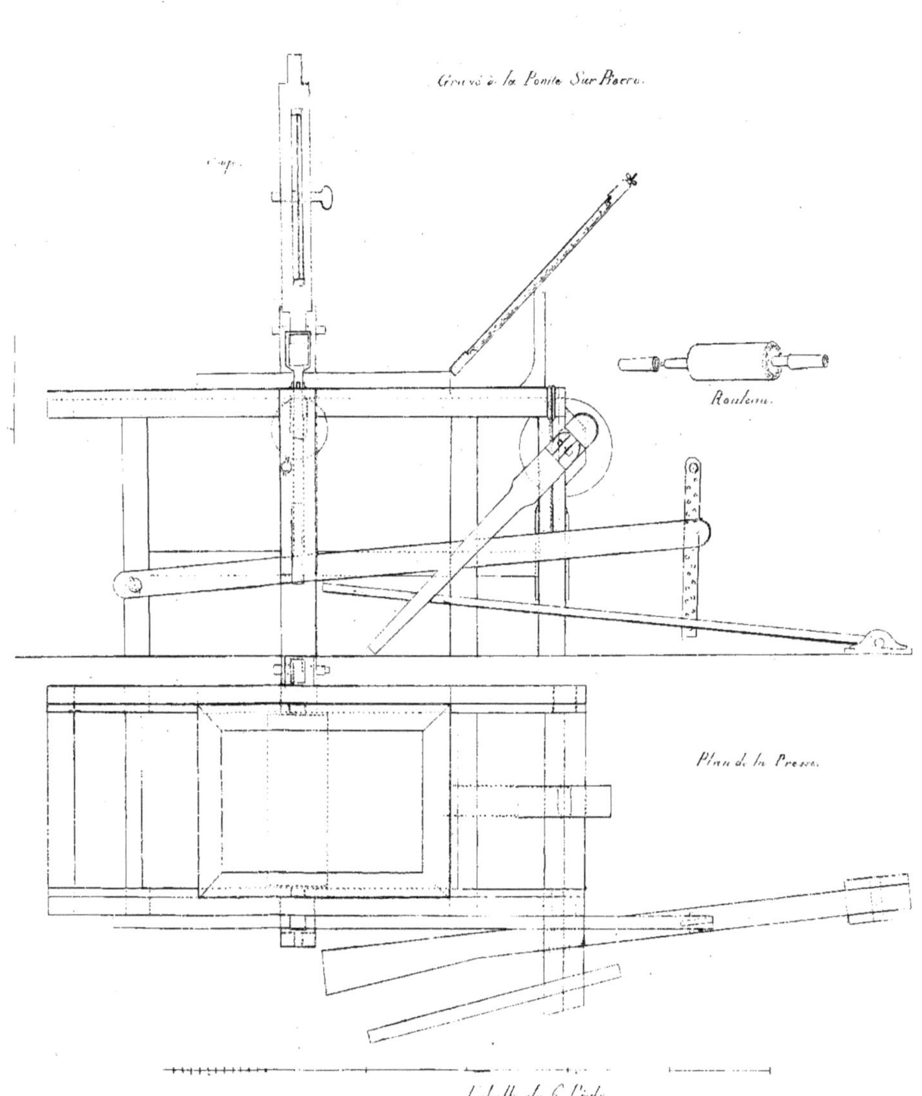

Gravé à la Pointe Sur Pierre.
Coupe.
Rouleau.
Plan de la Presse.
Échelle de 6 Pieds.

www.ingramcontent.com/pod-product-compliance
Lightning Source LLC
LaVergne TN
LVHW011405170726
843501LV00006B/2018